Sébastien Griffe

LYON

UND SEIN WELTKULTURERBE ENTDECKEN

EDITIONS
LA TAILLANDERIE

PLURIEL

COLLECTION PLURIEL

Dirigée par Gérald Gambier

Inhaltsverzeichnis

Fotografien und Illustrationen :
Gérald Gambier

außer den Illustrationen (Seite 5, 18d, 34b et 42b) : Martine Leroy

Impressum :
Patricia Graizely und Martine Leroy

Übersetzung : Andrée Branà
und Martina Mouchon

rue des Frères-Lumière
01400 Châtillon-sur-Chalaronne
Tél : 04 74 55 16 59
Fax : 04 74 55 14 27
contact@la-taillanderie.com
www.la-taillanderie.com

ISBN - version brochée -2-87629-269-6
ISSN en cours

Einleitung

Eine Stadt vorstellen, heißt, ihre Vorzüge aufzuzeigen und das zu veranschaulichen, was sie von anderen «Rivalinnen» unterscheidet. Zum Bild einer Stadt gehören unweigerlich ihre Bürger, deren Charakter, Mentalität und Tradition. Doch nicht nur die schönen Seiten der Stadt sollen hier erwähnt sein. Sich Schwächen einzugestehen, ist auch ein Zeichen von Reife und Größe.

Sicher haften etliche Klischees an Lyon, so wie jenes der Verschlossenheit und Unnahbarkeit ihrer Bewohner. Felix Benoît sagte einst: «In Lyon geht man zum Lachen in den Keller.» Oder das beständige Streben nach Anerkennung, was einst die Enttäuschung hervorrief, nicht die Hauptstadt zu sein.

Die Fischerstecher («Joutes») sind Lyoner Wassersportler, deren Vorfahren die Fähr- und Rettungsleute auf dem Rhône waren.

Sind die Bouquinisten am Saône-Ufer eine letzte Erinnerung an die ruhmreiche Lyoner Buchdruckerkunst?

Ein Blick von Fourvière auf die Dächer und Schornsteine der Croix-Rousse.

Lyon hat sich jedoch rangehalten. Wenn die Lyoner (so nennt man nun einmal die Bewohner dieser Stadt) nur wollen, dann können sie es auch und das weitaus besser als die anderen. Oft glänzt man in den Bereichen, um die das geringere Aufsehen gemacht wird, z. B. in der Goldschmiedekunst und der Schmuckherstellung, die zum Großteil den französischen Markt versorgen. Oder die Chemie und Pharmazie, besonders das Europäische Virologiezentrum und die Weltzentrale zur Überwachung ansteckender Krankheiten.

Auch die Gastronomie gehört wohl zu den ruhmreichen Dingen dieser Stadt. Als wahre Tradition hat sie nahezu den Stellenwert des Kultischen. Der Lyoner Paul Bocuse ist nicht nur Botschafter der französischen Küche, er hat auch einen der bekanntesten Kochwettbewerbe ins Leben gerufen.

Die Seide bleibt Inbegriff für Qualität und Haute Couture. Und selbst die hochtechnologisierte Textilverarbeitung profitiert heute noch von den traditionellen Webverfahren dieser einzigartigen Naturfaser.

Die Résistance hat die wenigen Monate Aufschub der freien Zone und die Lage im Rhône- und Saônetal nutzen können. Eine der wichtigsten Personen war Jean Moulin.

Aber es gibt auch Zeitgenössisches: Die «Mur peints», jene über 150 bemalten Wände, die das Gesicht des Grand Lyon verschönern und ihresgleichen in Frankreich suchen. Inspiriert vom traditionellen Lichterfest am 8. Dezember werden allnächtlich mehr als 270 Monumente und Gebäude beleuchtet. Guy Darmet war die treibende Kraft, die seit 1980 mit der «Biennale de la danse» nationale und internationale Tänzer und Ensembles anzieht.

Tüpfelchen auf dem i ist wohl unumstritten der 5. Dezember 1998. Die UNESCO hat die historischen Teile der Stadt zum Weltkulturerbe der Menschheit erklärt.

Die Parade der Tanzgruppen zur Lyoner Biennale des Tanzes ist ein von allen erwartetes Ereignis geworden.

Was das Kino anbelangt, so hat Lyon die Gelegenheit verpasst, die Zukunft des Films in die eigenen Hände zu nehmen. Die Gebrüder Lumière, Erfinder der «laufenden Bilder» sind fast 100 Jahre lang in Vergessenheit geraten. Ein fast unverzeihlicher Fehler. So wurde auch der 100. Geburtstag des Films nur in aller Stille begangen und lediglich eine Wandmalerei erinnert an dieses Ereignis. Erst Ende des Jahrhunderts hat man sich für den Schuppen, in dem der allererste Film gedreht wurde, interessiert. Dieser wurde vor dem Abriss bewahrt und ist heute der einzige Zeuge der ehemaligen Fabrik der Familie Lumière. Integriert wurde diese kleine Halle in das Institut für Film und Kino.

In dem «Bouchon La Mère Cottivet», einem typischen Lyoner Gasthaus, dienen das Boule-Spiel und die Hänsel-Marionette «Guignol» der Dekoration.

Zu spät erkennt Lyon, dass die Scheinwerfer nun, dank des Filmfestivals, auf Cannes gerichtet sind. Aber vielleicht ist noch etwas zu retten. Mit demselben Engagement, mit dem sich Lyon für die nächtlichen «Illuminationen» einsetzt, könnte ich mir durchaus eine Verleihung des «Lyon d'Or» vorstellen (leider ist der Begriff des «Goldenen Löwen» durch Venedig bereits belegt.). Was für ein Prestige, würde es den «Lumière d'Or» geben! Sicher könnten hier die Worte Fernand Braudels entgegengehalten werden, die besagen, dass Lyon wie der Prophet im eigenen Land nichts zählt. Doch so schlimm sieht es wiederum nicht aus.

In den letzten Jahren wurden die Weichen für die wesentlichen Veränderungen und Entwicklungen gestellt. Lyon hat begriffen, dass es aus eigener Kraft vorankommt. Wetten, dass Europa zu Beginn des 3. Jahrtausends mit einer Stadt rechnen kann, die, was immer man auch über sie sagen und denken mag, einzigartig bleibt.

Weltkulturerbe der Menschheit

Große Fensterrose (1392) von Jacques de Beaujeu an der Westfassade der Kathedrale Saint-Jean-Baptiste.

Die Geschichte einer Stadt ist manchmal mit der des hässlichen Entleins zu vergleichen. Es war einmal eine Stadt, die zwischen zwei Flüssen lag und im Nebel unterging. Obschon sie auf dem Hügel von Fourvière imposante Denkmäler der gallorömischen Epoche besaß, dienten jene jedoch als Steinbruch für den Bau der Kathedrale. In der Renaissance beschlossen italienische Bankiers und Händler, unaufhaltsam neben der mittelalterlichen Kathedrale zu bauen.

Die Stadt dehnte sich immer weiter aus, ohne dabei ihr altes Erbe zu zerstören. Im 17., 18. und 19. Jahrhundert bebaute

Der betrunkene Herkules. Mosaik im gallorömischen Museum von Fourvière.

Das Haus des Tuchhändlers Thomassin (14. Jh.) auf der « Place du Change ».

man die Presqu'île, die Halbinsel zwischen Rhône und Saône, bevor man auf die Hügel der Croix-Rousse auswich, um die Seidenweber, jene so genannten Canuts, mit ihren neuen Jacquard-Webstühlen zu beherbergen.

Nirgends lässt sich die Kontinuität einer Stadt so gut nachvollziehen wie in Lyon. Die Straßen und Gassen führen einen durch die Jahrhunderte an den verschiedenen Bauepochen vorbei vom Gründungsort bis hin zu den jüngsten Stadtvierteln. Diese Tatsache erwies sich als ausschlaggebend für die Wahl der UNESCO.

Der einzigartige architektonische Reichtum, auf den einige Wenige aufmerksam geworden waren, führte schließlich zur Ehrenrettung Lyons. Nachdem das geschichtliche und bauliche Erbe wieder hervorgehoben worden war, entstand die Idee, Lyon der UNESCO vorzuschlagen. Zaghaft war in den ersten Unterlagen lediglich von den mittelalterlichen Teilen und den Renaissancevierteln der Altstadt die Rede. Es waren die Experten der UNESCO, die, bezaubert von dem Charme der Stadt, den Initiatoren nahe legten, weitere historische Viertel in die Akte aufzunehmen: nämlich das Vieux-Lyon, Fourvière, St.-Just, die Hänge der Croix-Rousse und drei Viertel der Presqu'île, somit 500 ha (10%) der Stadtfläche.

Nicht nur das Renaissanceviertel zählt zum Weltkulturerbe, es ist vor allem die zweitausendjährige Vergangenheit, die sich wie ein roter Faden durch die Stadtgeschichte zieht.

Im Gebäude der Manecanterie (12. Jh.) befindet sich der Domschatz.

Die vier großen Säulen in der Abtei Saint-Martin-d'Ainay aus dem ehemaligen Amphitheater beeindruckten bereits Rabelais.

Auf den Hängen der Croix-Rousse: ein typisches Seidenweber-Haus aus dem 19. Jh.

In jedem Sektor wird sowohl die bauliche Substanz als auch das menschliche Erbe berücksichtigt. So zählen z. B. auf den Hängen der Croix-Rousse, die bereits seit 1994 unter Denkmalschutz stehen, ebenso das handwerkliche Können der «Canuts» (Seidenweber), wie die Häuserfresken oder die «Cour des Voraces».

Die UNESCO nimmt folgendes in das Weltkulturerbe auf: Baudenkmäler und Naturlandschaften von einzigartigem und umfassendem Wert. Weltweit zählen heute 550 Gebiete oder Denkmäler zum kulturellen Erbe der UNESCO, davon allein 22 in Frankreich, darunter der Mont Saint-Michel, die mittelalterliche Altstadt von Carcassonne, die Basilika Sainte-Madeleine in Vézelay oder «La Petite France» in Strassburg. Was die Städte angeht, so steht Lyon im Wettstreit mit Prag, Venedig, St. Petersburg und Porto.

Am 5. Dezember 1998 nahm im japanischen Kioto das Komitee der UNESCO die historischen Gebiete Lyons offiziell in das Weltkulturerbe der Menschheit auf.

Lyon hat sich gemausert und erstrahlt im Glanz der Lichter und der Farben. Aus dem hässlichen Entlein ist ein Schwan geworden, der von aller Welt bewundert wird.

Die gallorömische Stadt

Gallorömisches Museum.

Die Gründung Lugdunums hat lange Zeit zu Kontroversen unter den Historikern geführt, da die alten Schriften nicht allzu viel preisgaben. Die Geschichte Lugdunums beruht im Wesentlichen auf den zahlreichen archäologischen Funden in der Stadt sowie auf der Epigrafik.

Glaubt man Cicero, so führte im Jahre 44 v. Chr. eine Revolte der Einwohner Viennes gegen die römischen Veteranen der 5. Legion zur Vertreibung letzterer. Dieses von Cäsar abkommandierte Militär sollte die neue Kolonie überwachen, die sich aber dem Diktator nicht fügen wollte. Aus Vienne verjagt, ließen sie sich am Zusammenfluss von Rhône und Saône nieder.

Aus der damaligen Korrespondenz mit Cicero geht hervor, dass Munatius Plancus den Senat um Erlaubnis bat, seine Truppen wieder zu

Die vier Aquädukte von Lyon: Aquädukt aus den Monts d'Or (10.000 m³ Wasser am Tag) Aquädukt von Yzeron (13.000 m³ Wasser am Tag) Aquädukt aus der Brévenne (66 km, 28.000 m³ Wasser) Aquädukt aus dem Gier (85 km, 25.000 m³, Ø der Rohre: 1,70 m)

In Plat -de-l'Air bei Chapenost sind noch ungefähr 1.500 m des Aquädukts aus dem Gier gut erhalten.

Das römische Theater des Hadrian und dem Odeon im Hintergrund.

vereinigen und somit zu verhindern, dass diese sich der Sache Antons anschlössen. So geschah es, dass Munatius Plancus am 10. Oktober 43 v. Chr., das Gesicht der Sonne zugewandt, mit einem Pflug den Decumanus maximus (die heutige Rue Cleberg, gemäß Amable Audin) und den Cardo maximus zog. Durch diese beiden sich kreuzenden Achsen begrenzte er die römische Kolonie, die den Namen Lugdunum erhalten sollte.

Larve eines Gottes.
Gallorömisches Museum.

Den Etymologen zufolge bedeutet der Name „Stadt des Lugus", ein keltischer Gott, dargestellt als Rabe auf dem Berg des Lichtes. Die ersten Münzen dieser Zeit waren mit einem Rabenkopf geziert.

Zu diesem Zeitpunkt besetzten vereinzelt Gallier aus unterschiedlichen keltischen Stämmen die Region. Condate, der Ort zu Füßen der Croix-Rousse, wird erst nach der Gründung auf dem Hügel von Fourvière besiedelt.

Auf der Canabeen-Insel, am einstigen Zusammenfluss von Rhône und Saône - das heutige Viertel von Ainay - versorgten Bauern und Händler die Siedlung mit Waren und betrieben regen Handel.

Unter keltischem und orientalischem Einfluss verliert die römische Kultur ihre ursprünglichen Werte.

Auch Augustus versucht auf die Moral einzuwirken, indem er 27 v. Chr. den Kaiserkult einführt. Er beschließt, Lugdunum zur Hauptstadt der «Drei Gallien» zu ernennen. Sein Schwiegersohn Agrippa erhält den Auftrag, von dort aus ein dichtes und wichtiges Verkehrsnetz anzulegen.

Drusus soll 12 v. Chr. den Bau des födalen Heiligtums der «Drei Gallien» leiten. Diese soll Sitz des offiziellen und verbindlichen kaiserlichen Kultes sowie alljährlicher Versammlungsort der Abgeordneten der 60 gallischen Stämme werden.

Auf Anfrage Tiberius finanziert Rufus, Priester Roms und Augustus', ca. 31 Jahre später die Errichtung des Amphitheaters auf der Croix-Rousse.

Mosaik mit Delphin aus der Basilika Saint-Laurent de Choulans, gallorömisches Museum.

Mosaik mit Zirkusspielen, gallorömisches Museum.

Das Amphitheater der «Drei Gallien» auf der Croix-Rousse.

In diesem Theater finden die Gladiatorenspiele und die Eloquenzwettbewerbe des Calligula statt. Die Stadt zählt bereits 50.000 Einwohner.

Kaiser Claudius wurde 10 v. Chr. in Lugdunum geboren. In seiner berühmten Rede bittet er den Senat um die römische Staatsangehörigkeit für die Lyoner Bürger. Diese Rede ist in Bronze auf den claudianischen Tafeln eingraviert.

Unter der Herrschaft Kaiser Hadrians von 117 bis 138 erreicht Lugdunum seinen wirtschaftlichen und kulturellen Höhepunkt. Das Amphitheater der Croix-Rousse ist auf 20.000 Plätze vergrößert worden und den Altar des Heiligtums zieren zwei riesige Säulen von 14 m Höhe. Auf dem Hügel von Fourvière wird ein neues Forum angelegt, das Odeon gebaut und ein Zirkus gegründet. Das Theater des Augustus wird ebenfalls auf 10.000 erweitert. Hadrian ordnet unter anderem den Bau des Heiligtums der Kybele oberhalb des Theaters an.

Detail aus dem Ziegelsteinfries eines römischen Aquädukts.

Auf ihren Altären geht es blutig zu. Geißelungen, Kastrationen, Stier- und Blutopfer. Diese Riten weisen bereits auf die beginnende Christenverfolgung und die Martyrien hin.

Mitte des zweiten Jahrhunderts hat sich eine bedeutende christliche Gemeinde unter der Leitung Pothinus in Lugdunum niedergelassen. Die Christen sehen in der offiziell verordneten

Religion einen Gräuel und einen Abfall vom wahren Glauben und widersetzen sich der Ausübung. Als Staatsfeinde beschuldigt, werden sie zu Sündenböcken einer gnadenlosen Gesellschaft.

Am Karfreitag des Jahres 177 werden 19 Christen erwürgt, darunter der Hl. Pothinus, 24 enthauptet und 6 den Raubtieren zum Fraß vorgeworfen. Der hl. Blandine indessen legen sich die wilden Tiere zu Füssen. So schreiben die Christen aus Lyon und Vienne an die Gemeinden in Asien und Phrygien.

Einige Jahre später wählt Lugdunum Septimus Severus zum Oberhaupt. Diese Wahl sollte sich als schlecht erweisen. Repressalien, Zerstörungen und Plünderungen künden vom Untergang. Nichtsdestoweniger bleibt Lugdunum bis 457 römisch. Dann fallen die Burgunder ein und Lugdunum wir in Lugdon umbenannt.

Die Märtyrerkrypta in der Kirche Saint-Nizier. Mosaiken aus dem 19. Jahrhundert.

DIE TRABOULES

Das ovale Treppenhaus in der 2, Rue Saint-Georges.

Schon als kleiner Junge hatte ich das Gefühl, alte Steinplatten im Boden würden mich auf irgendeiner Weise mit den Menschen verbinden, die weit vor mir über sie gelaufen sind. Vor meinem geistigen Auge sah ich sie förmlich die schmalen Gänge entlanggehen, durch mehrere Häuser über die verschiedenen Innenhöfe von einer Straße zur anderen gelangen.

Die Etymologie von Traboule geht auf das lateinische Kompositum «transambulare» zurück. «Trans» bedeutet «quer» und «ambulare» «gehen», also «quer hindurchgehen». Sowohl das Substantiv Traboule als auch das Verb trabouler sind in Lyon gängige Begriffe. René Dejean berichtet,

22, Rue Juiverie (Maison Baronat, 15. Jahrhundert).

Ausgefallene Beleuchtung der «Cour des Voraces» (9, Place Colbert) an einem 8. Dezember.

dass laut dem Linguisten André Compan in der Langue d'Oc die verkürzten Varianten «travoulo» oder «traboulo» erscheinen.

Man irrt, wen man glaubt, dass es lediglich im Vieux-Lyon Traboules gäbe. Sie sind die ältesten, da sie auf das 4. Jahrhundert zurückgehen. Aber auf den Hängen der Croix-Rousse und auf der Presqu'île verbergen sich in den Traboules wahre architektonische Meisterwerke. Übrigens wurden die Traboules auf der Croix-Rousse von den Canuts, den Seidenwebern, vor allem zum Transportieren der Seite benutzt, die ja so weit nur irgend möglich vor Regen und Wasser geschützt werden musste.

Es gibt verschiedene Arten von Traboules: Angefangen von der einfachen Traboule, die durch einen einzigen Gang eine Straße mit einer anderen verbindet, bis hin zu derjenigen, die sich über sieben Etagen erstreckt, durch eine so genannte Allée und zwei Gebäude führt, bis sie schließlich in eine weiter unten liegende Straße mündet, beispielsweise die «Cour des Voraces». Dank dieses labyrinthartigen Systems konnten viele Lyoner während der Französischen Revolution oder des zweiten Weltkrieges ihr Leben retten.

Traboules mit gotischem Kreuzrippengewölbe.

Des Weiteren gibt es die «Miraboules», die man der Einfachheit halber auch Höfe nennt. Das Wort wurde 1961 von Félix Benoît geprägt und bezeichnet eine Traboule, die ähnlich einer Sackgasse keinen Ausgang auf die gegenüberliegende Seite besitzt, sondern in einen Innenhof führt. Der Hof oder die dazugehörige Wendeltreppe kann dann bewundert und «bestaunt» werden, «admirer» wie es auf Französisch heißt.

Viele Trabules besaßen einen Brunnen, wie diesen in der Rue Royale.

Den Schätzungen des Traboulesspezialisten René Dejean zufolge gibt es nahezu 350 alte Traboules. Was die Traboules des 19. und 20. Jahrhunderts am linken Saôneufer betrifft, so steht deren Zählung noch offen.

Die folgende Liste erhebt keinen Anspruch auf Vollständigkeit und soll einen Anreiz geben, auf eigene Faust auf Entdeckungsreise zu gehen. Doch Achtung, denn trotz der Abkommen zwischen Stadt und Bewohnern darf nicht vergessen werden, dass es sich stets um privates Gelände handelt und die Anwohner mit unserer Rücksichtsnahme und Diskretion rechnen.

In der 9, Rue Saint-Jean eine ungewöhnlich steil gewundene Wendeltreppe.

9, Rue Saint-Jean.

28, Rue Saint-Jean.

Das Croppet-Haus (Ende 15. Jhd.) in der 14, Rue du Bœuf.

Das Patrizierhaus de la Couronne in der 13, Rue de la Poulaillerie.

Vieux-Lyon :

- 2, Rue Saint-Georges ;
- von der 24, Rue Saint-Jean bis zur 1, Rue du Boeuf (Hôtel Laurencin); ;
- 27, Rue Saint-Jean bis zur 6, Rue des Trois Maries ;
- 54, Rue Saint-Jean ;
- 14, Rue du Bœuf ;
- 16, Rue du Bœuf (einer der rosa Türme, « la Tour rose ») ;
- 27, Rue du Bœuf ;
- 4, Rue Juiverie (Haus Henri IV) ;
- 8, Rue Juiverie (Galerie Philibert de l'Orme).

Das Herrenhaus Laurencin (16. Jhd.) in der 24, Rue Saint-Jean.

27, Quai Saint-Antoine.

Croix-Rousse pentes :

- 19, Rue René-Leynaud bis zur Rue Burdeau (die bekannte Passage Thiaffait) ;
- 9, Place Colbert (die Cour des Voraces) ;
- 2, Rue Romarin.

Presqu'île :

- 54, Rue Mercière ;
- 58, Rue Mercière ;
- 16, Rue Pizay ;
- 13, Rue de l'Arbre-Sec ;
- Rue des Forces (Hôtel de la Couronne - Musée de l'Imprimerie) ;
- 27, Quai Saint-Antoine ;
- 29-30, Quai Saint-Antoine (Antonierhof und Eingang des Guignol de Neichthauser).

6, Rue des Trois-Maries.

2, Rue Romarin.

traboules

Das Vieux-Lyon

Ein Dorf in der Stadt: das alte Lyon. Es kann auf drei verschiedene Arten entdeckt werden.

Beginnt man auf dem Hügel der Fourvière, so erhält man einen Gesamtüberblick über das Vieux-Lyon. Dieses Viertel erstreckt sich über insgesamt 35 ha, wovon 24 ha unter Denkmalschutz stehen. Somit ist das Vieux-Lyon das größte zusammenhängende Renaissanceviertel Frankreichs, das in Europa nur durch Venedig übertroffen wird. Von der Esplanade neben der Basilika schaut man auf bunte Dächer im romanischen Stil und auf zahlreiche Renaissancetürme, die majestätisch emporragen.

Am Morgen ist es aber auch reizvoll von der «Place Bellecour» aus in Richtung Altstadt zu starten, wenn das Rosa und Ocker der Hausfassaden sich im Wasser der Saône widerspiegeln.

Schließlich lohnt sich auch ein Spaziergang über das alte Kopfsteinpflaster. Zu Fuß entdeckt man am besten den Charme des Vieux-Lyon, das weitgehend für den Verkehr gesperrt ist.

1964 war die Altstadt das erste Viertel in Frankreich, das unter Denkmalschutz gestellt wurde, woran maßgeblich der Verein «Renaissance du Vieux-Lyon» beteiligt war. Dieser Verein engagiert sich seit den 50er Jahren für die Erhaltung der Altstadt. Ihm ist es auch zu verdanken, dass

Das Familienwappen eines Stadtrats in der Rue Juiverie.

Von Fourvière lassen sich 15 Türme in diesem Teil der Altstadt zählen.

die Altstadt nicht unter dem Vorwand städtebaulicher Neuerungen und Sanierungsarbeiten dem Abriss zum Opfer fiel.

Das Vieux-Lyon besteht aus den Vierteln Saint-Paul im Norden, Saint-Jean in der Mitte und Saint-Georges im Süden. Der Glanz des 15. und 16. Jahrhunderts ist heute noch präsent.

Ludwig XI. verleiht Lyon 1436 das Privileg, Jahrmärkte abzuhalten. Aus allen Landen strömen Händler und Bankiers in die Stadt, darunter vornehmlich Italiener, die sich hier für mehrere Jahrhunderte niederlassen.

Zur selben Zeit halten die Könige oft Hof in Lyon. Ludwig XI. und Franz I. unterstützen kräftig die Seidenweberei. Auch die Buchdruckerkunst ist unter Barthélemy Buyer im Aufwind. Künstler, Poeten und Gelehrte bilden die intellektuellen Kreise, aus denen Kreativität und Einfallsreichtum kommen.

Drei der dreihundertzwanzig Rundmotive an der Fassade der Kathedrale.

Die Kathedrale Saint-Jean-Baptiste.

Das Vieux-Lyon vom Quai Saint-Antoine aus.

Das wirtschaftliche Wachstum führt zu einer regen Bautätigkeit in der Stadt. Gotik und Renaissance bringen prächtige Häuser hervor. Das für die Lyoner typisch verschlossene und zurückhaltende Wesen beeinflusst auch die Architektur. Von außen eher unscheinbar verbergen die Wohnungen im Inneren ihre ganze Pracht. Ein wahrer Wettbewerb entsteht um den Bau des schönsten Innenhofs, des originellsten Treppenturms oder der aufwendigsten Galerie. Der unumstrittene Sieger ist das Hôtel Bullioud in der Rue Juiverie mit seinen zwei, auf Trompen gebauten Türmen. Der junge Architekt Philibert de l'Orme aus Lyon hat damit 1536 ein wahres Wunderwerk der Renaissance vollbracht.

Die Bauweise folgt stets demselben Prinzip: Zwei parallel zur Straße stehende Gebäude sind durch einen Innenhof voneinander getrennt. Die Galerien mit ihren offenen Arkaden verbinden die Wohnungen mit dem Turm, in dem eine Wendeltreppe zu den verschiedenen Etagen führt. Oft schließt sich ein Belvedere mit Gemüsegarten und Stallungen an. Diese hatten es besonders dem Schriftsteller Rabelais angetan.

Auf der « Place Saint-Jean » der Brunnen mit der Taufe Christi (1844).

Einige sehen im Vieux-Lyon ein florentinisches Viertel. Obwohl Ende des 16. Jahrhunderts drei Viertel der Ausländer in der Nähe der « Place du Change » wohnten, scheint der Stil ihrer Häuser nicht den der anderen beeinflusst zu haben. Lediglich ihr Reichtum ermöglichte es ihnen, größere und höhere Gebäude errichten zu lassen, aber stets im Einklang mit dem lokalen Bautypus.

Die Kathedrale Saint-Jean-Baptiste stellt das Herz der Altstadt dar, während das Stift Saint-Paul das älteste religiöse Gebäude Lyons ist (s. Kapitel « Die religiöse Stadt »).

Die Pfarrkirche Saint-Georges ist von Pierre Bossan 1844 im neogotischen Stil erbaut worden. Wohl nicht besonders zufrieden mit seinem ersten Auftrag, bezeichnete der Architekt im Nachhinein diesen Bau als eine

Am Ende der « Place du Change » befindet sich das Haus Thomassins (1493).

Jugendsünde. Heute beherbergt diese Kirche die Gemeinde der konservativen Katholiken.

Folgende Bauwerke sind Beispiele herausragender architektonischer Leistungen:

Das Herrenhaus Laurencin, Wohnstätte reicher Tuchhändler in der Rue Saint-Jean, gehört mit seinem achteckigen Turm zu den unumgänglichen

Das Advokatenhaus in der « Rue de la Bombarde ».

Seite rechts: die außergewöhnliche Galerie Philibert de l'Orme.

Ein spätgotisches Haus in der «Rue Lainerie», die «Maison des Mayet» (1516).

Der rosa Turm in der «Rue de Bœuf», eines der auffälligsten Bauwerke im Vieux-Lyon.

Besichtigungspunkten. Ebenso das «Haus der Advokaten» in der «Rue de la Bombarde», gelegentlich noch unter dem Namen «Cour de la Basoche» bekannt. Ein schönes Beispiel gelungener Restauration.

Das Haus des Steuereintreibers in der «Rue du Bœuf» mit seinem imposanten rosa Turm oder die von Soufflot 1747 vergrößerte «Loge du Change», die Wechselstube bei den alljährlichen Messen.

Das Haus Paterin, auch Haus Heinrich IV. genannt, mit seinen dreistöckigen Galerien und einer wunderschönen Wendeltreppe.

Allenthalben finden sich Fenster mit Stabwerk und Fensterkreuzen, Türen mit Flachbögen, Gänge und Galerien mit Kreuzrippengewölbe.

Im Patrizierhaus Gadagne ist das Historische Museum und das der Marionetten untergebracht.

Dieses lebendige Viertel ist der bevorzugte Ort des Kunsthandwerks, das jeden Sonntag auf dem Kunstmarkt in Saint-Georges ausgestellt wird.

Die Rue Saint-Jean ist die Hauptstraße der Altstadt.

Auf dem Vorplatz der Kirche «Saint-Jean-Baptiste» stellen seit 1492 die «Tupiniers» (altes Lyoner Wort für «Töpfer») ihre Werkstücke aus.

Rue du Boeuf.
Eine Kanone in der «Rue de la Bombarde», die goldene Trappe oder der Ochse in der Rue du Boeuf.

Das Renaissancefest lässt alte Traditionen, wie das Fahnenschwingen wieder aufleben.

Die Seide

Kokons, Schiffchen und gefärbte Seidenfliese.

Die Fingerfertigkeit der « Canuts » zwischen Tausenden von Fäden und die sichere Handhabung der Schiffchen sind bewundernswert.

Emailkessel zum Auswiegen und Trocknen der Seidenfäden.

Seit dem Mittelalter ist Seide der Inbegriff für Luxus und Reichtum. Jedoch grub der Seidenimport tiefe Löcher in die Staatskassen.1466 beschließt Ludwig XI. die Errichtung einer königlichen Goldstoff- und Seidenmanufaktur. Beeinflusst durch die italienischen Händler und Bankiers, die sich in Lyon niedergelassen haben und vom regen Handel mit Italien profitieren, stellt er sich gegen das Lyoner Konsulat.

Franz I. will die Wirtschaft von Genua zu Fall bringen, um sich so für das Verhalten der Genueser zu rächen, die Karl V. unterstützt haben. In seinem Reich weitet sich der Seidenhandel immer schneller aus und Lyon reift zur Handelsmacht heran. Er erlässt erneut die Verordnung Karls VIII., die jegliche Einfuhr ausländischer Seide verbietet, indessen aber ausländische Seidenweber fördert, sich im Reich anzusiedeln. Die Seidenweber sind von sämtlichen Abgaben befreit.

Das Konsulat muss seine Haltung ändern. 1536 erhalten zwei Seidenweber aus Genua, Turquet und Nariz, die Genehmigung, in Saint-Georges ihre Webstühle zu installieren. Kurz darauf erklärt der König in einem Dekret von 1540 Lyon zum Hauptlager jeglicher Seide, die ins Reich eingeführt wird.

1554 wurde die Zunft der Seidenweber gegründet, der über 12.000 Mitglieder angehören.

Trotz aller Bemühungen erlangt man nicht die italienische Qualität. Erst Claude Dangon gelingt es, 1606 den Webstuhl derart zu verbessern, dass Stoffe mit großen Mustern hergestellt werden können. Die endgültigen Qualitätskriterien wurden 1667 von Colbert, Minister unter Ludwig XIV., aufgestellt. In Lyon beginnt sich ein eigener Stil bezüglich der Muster und Farben durchzusetzen.

Bedingt durch das Edikt von Nantes flüchten viele protestantische Bankiers, Fabrikanten und Seidenweber ins Exil, die Zahl der Webstühle verringert sich schlagartig von 13.000 auf 4.000. Lyon erholt sich jedoch rasch von diesem Schrecken. Unter dem Einfluss der Blumenmaler der Gobelins und Wandteppiche der Savonnerie wird abermals ein neuer Stil kreiert. Im Jahre 1756 öffnet die Lyoner Seidenmalerschule zum ersten Mal ihre Türen. Philippe de Lasalle soll bald zum berühmtesten der über 80 Seidenmaler werden, die 1790 in Lyon tätig sind. De Lasalle ist gleichzeitig Händler, Weber, Erfinder und Genie im Bereich der Mechanik.

Lyon avanciert zur Hauptstadt der Seide, und der französische Geschmack macht weltweit Furore.

Indessen leben und arbeiten die Canuts weiterhin unter miserablen Bedingungen und der Groll steigt immer mehr in ihnen auf. Mit den Revolten von 1744 und 1786 wollen sie sich Gehör verschaffen. Sie verlangen bessere Arbeitskonditionen und eine gerechtere Entlohnung.

Der Vorläufer des Jacquardwebstuhls in der «Maison des Canuts».

Doch die Revolten scheitern. Infolge der französischen Revolution fühlen sie sich obendrein zum Narren gehalten und treten den Rückzug an. Viele Manufakturen schließen. Zählte man 1787 noch 18.000 Webstühle, so sind es 1793 nur noch knapp 2.000, die in Betrieb sind.

Joseph Marie Jacquard entwickelt 1805 einen neuartigen Webstuhl, der die Produktivität dank eines Lochkartensystems um ein Vielfaches steigert. Aufgrund der Höhe dieser Webstühle verlagert sich die Fabrikation aus der Altstadt auf die Croix-Rousse, wo man höhere Räume beziehen kann. So entsteht der «arbeitende Hügel».

Abermals gehen die Canuts 1831 auf die Barrikaden, um einen angemessenen Lohn zu fordern. Der Präfekt willigt ein, doch die Händler weigern sich, die Preise zu zahlen. Der Kampf beginnt. Auf den schwarzen Fahnen der Seidenarbeiter steht ihr Motto: «Arbeitend leben oder kämpfend sterben.» An den Aufständen von 1848 nehmen auch die sozialdemokratisch orientierten Arbeiter, die so genannten «Voraces», teil.

Die Posamentenwerkstatt der Innung «Soierie Vivante» auf der Croix-Rousse.

In der «Maison des Canuts» webt Eric an einem Samtstoff.

Während dieser Zeit steigt die Zahl an Webstühlen unaufhörlich. 60.000 Webstühle 1848. 1853 ist ein Rekord in der Produktion von Rohseide mit 2.200 Tonnen zu verzeichnen.

Zwei Jahre später befällt eine Krankheit die Seidenraupen und dezimiert erheblich die französische Aufzucht. Es bedarf einiger Zeit, bis Pasteur ein geeignetes Mittel entwickelt. Doch die Hilfe kommt zu spät, denn bereits die Hälfte der zu bearbeitenden Seide wird importiert. Die Industrialisierung hat begonnen, und mit dem Aufkommen der synthetischen Faser erhält die Seide ernste Konkurrenz.

An dieser Stelle sei die 1930 eingeführte Serigrafie (Siebdruckverfahren) erwähnt.

Im Zeitalter der computergesteuerten Maschinen werden heute in Lyon noch ca. 350 Tonnen Seide manuell, mit traditionellen Methoden verarbeitet. Eine Handvoll renommierter Werkstätten führen die Aufträge der staatlichen Denkmalpflege und der großen Modeschöpfer aus.

Im Stoffmuseum ist unter anderem Lyoner Seide aus mehreren Jahrhunderten zu bestaunen, und in der «Maison des Canuts» (Rue d'Ivry) finden Vorführungen auf alten Webstühlen statt.

Georges Mattelon, einer der letzten Cantus der Croix Rousse, führt das Arbeiten an einem Webstuhl vor.

Chou Sundara in ihrem Atelier.

Das Quadrat, das die « Place Bellecour » darstellt, ist von Chou Sundara handgemalt.

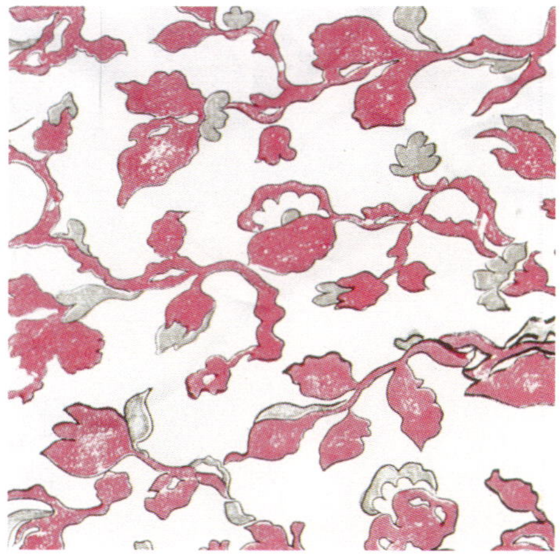

Traditionelle Methode des Seidendrucks mit Hilfe einer gravierten Platte im Seiden-Atelier.

Die Seriegraphie hat die traditionelle Methode des Seidendruck abgelöst. Seiden-Atelier.

Das religiöse Lyon

Seit dem Martyrium der ersten Christen im Jahre 177 ist die Kirchengeschichte der Stadt Lyon eine der bedeutendsten und ältesten in der christlichen Welt. Von den 48 Märtyrern werden heute besonders die hl. Blandine und der hl. Pothinus, Primas von Gallien, verehrt. Beide kamen, wie die anderen im Amphitheater der Croix-Rousse grausam ums Leben. Zahlreich sind die Denkmäler, die an die achtzehn Jahrhunderte Christentum in Lyon erinnern. Darunter auch die 300 Madonnen, die die Nischen der Häuser zieren und von einer ausgeprägten Marienverehrung zeugen. Der hl. Irenäus, Nachfolger des hl. Pothinus, sprach bereits im zweiten Jahrhundert von der Unbefleckten Empfängnis Mariä.

Als weitere Zeugnisse der Marienfrömmigkeit gelten das 549 gegründete Stadtkrankenhaus, Hôtel-Dieu, dessen Schutzpatronin Maria ist, die auf das 12. Jahrhundert zurückgehende alte Kapelle von Fourvière, ebenfalls der Muttergottes sowie dem hl. Thomas Becket von Cantorbery geweiht oder das Armenhaus in seinem karikativen Dienst am Nächsten.

In der « Rue des Augustins » steht eine der über 300 Madonnen in einer Hausniesche
André Georges bezeichnete Lyon 1912 als die Stadt mit den meisten Marienfiguren.

Die Abtei Saint-Martin und Saint-Loup (12. Jh.) auf der Île Barbe ist das älteste Kloster Lyons. Es wurde im 5. Jahrhundert gegründet.

Wie eine moderne Akropolis beherrscht die Basilika der Fourvière die Stadt. Links, die kleine Kapelle, deren goldene Jungfrauenstatue an den 8. Dezember erinnert.

Die neobyzantinischen Vergoldungen zu Ehren der Muttergottes von Fourvière.

Im 17. Jahrhundert wütet die Pest in Lyon. Not lehrt beten, und so entschließt der Bürgermeister samt Stadtrat, die Muttergottes um Hilfe anzurufen. Am 8. September 1643 legen sie ein feierliches Gelübde ab, in dem sie versprechen, alljährlich zur Fourvière zu pilgern, eine Messe lesen zu lassen, Gebete gen Himmel zu schicken, sieben Pfund reines, weißes Wachs zu stiften und der Kirche einen Goldtaler zu übergeben. Die Pest hat seither keine Todesopfer mehr gefordert und der 8. September zählt bis zum heutigen Tage zu den wichtigsten religiösen Festen der Stadt.

Einen Tag nach der Niederlage Napoleons III. im Jahre 1870 legt der Erzbischof Ginoulhiac auf Drängen der Lyoner Bürgerinnen ein zweites Gelübde ab. Viele Bürger schließen sich dem an und geloben - sollte die Stadt von der preußischen Invasion verschont bleiben - der allerheiligsten Jungfrau eine prächtige und große Kirche zu bauen. Ihr Flehen wird erhört, denn trotz dem Befehl, auf Lyon zu marschieren, bleiben die Preußen in Höhe von Lyon stehen.

Der Bau wird 1872 in Auftrag gegeben. Ziel für den Architekten, Pierre Bossan, der besonders stark von der Mystik des Lyoner Malers Louis Janmot beeinflusst war, war es, der «Königin aller Königinnen» ein Schloss zu bauen. Fourvière sollte die Turris davidica, der Turm Davids - einer der Namen der Jungfrau aus der Marienlitanei - werden. Die neue Wallfahrtsstätte wird 1896 von Kardinal Couillé geweiht.

Den Glockenturm von Saint-Martin-d'Ainay zieren vier Pyramidenspitzen, Friese und Backsteininkrustationen.

Die neobyzantinischen Ausschmückungen, Mosaiken, Statuen, Vergoldungen greifen immer wieder Themen aus dem Leben Mariens auf und erinnern an ihr Wirken in der Geschichte Frankreichs und der Welt.

Unter den 56 Kirchen in der Stadt sind folgende besonders erwähnenswert:

Die Abtei Saint-Martin-d'Ainay ist heute Lyons älteste und einzige romanische Kirche, nachdem die Abtei der Île Barbe zerstört worden war, aus der noch der in der Fassade eingelassene Tympanon stammt. Besonders interessant sind der Fries und die Verzierungen an den Fassaden sowie der Glocken- und Vierungsturm.

Zu den Hauptwerken der Sankt-Martins-Basilika in Ainay gehören die romanischen Kapitelle am Choreingang.

Im Inneren sind die Säulen in der Vierung auffallend, sie stammen aus dem römischen Amphitheater der Croix-Rousse, welche einst den Altar von Rom und Augustus umgaben. In der Kuppel der Ostapsis hat Hypolyte Flandrin auf ein goldenes Mosaik den segnenden Christus, die hl. Jungfrau, St. Blandine, St. Klothilde und St. Pothinus gemalt. Die Kapitelle und der Chor stehen anderen bekannten romanischen Kirchen in nichts nach. Am 13. Juni 1905 erhob Papst Pius X. die Abtei in den Rang einer Basilika minor. Frankreich befand sich zu jenem Zeitpunkt inmitten der Streitigkeiten zwischen Staat und Kirche, die dann auch zur strikten Trennung beider führte.

Blick von der Fourvière auf die Kathedrale Saint-Jean, deren Grundplan nicht rechteckig ist.

Die Kathedrale Saint-Jean-Baptiste, auch Primazialkirche genannt, wurde ab dem 12. Jahrhundert gebaut und befindet sich neben den Resten zweier Kirchen (im archäologischen Garten), die mit der Kathedrale den episkopalen Komplex bildeten.

Im Stil der Romanik begonnen, gehen die Bauepochen über die Hochgotik und enden schließlich in der Spätgotik. Dieses ist besonders am Triforium zu erkennen. Beeindruckend prangt die große Fensterrose mit Maßwerk und Sechsblatt an der Westfassade aus dem 14. Jahrhundert. Von den 320 Reliefs neben den Hauptportalen wurden während der Religionskriege 1562 ungefähr 200 beschädigt und über 50 Figuren zerstört. Das Glockenspiel der astronomischen Uhr aus dem 16. und 17. Jahrhundert ertönt heute noch vier Mal am Tag.

Der archäologische Garten von « Saint-Jean » stellt die Überreste der beiden Kirchen und einer Taufkapelle des 14. Jh. dar.

Das romanische Portal mit Archivolten (12. Jh.) der ehemaligen Kirche Saint-Pierre in der Rue Paul Chenavard. Heute ein Teil des « Musée des Beaux-Arts ».

Das flache Gebäude rechts neben der Kathedrale, die Manekanterie (Chorschule) aus dem 12. Jahrhundert, beherbergt den Domschatz.

Die Kathedrale war Schauplatz zweier Konzile sowie der Vermählung Heinrich IV. mit Königin Marie de Medicis, am 13. Dezember 1600.

Die Pfarrkirche Saint-Nizier wurde im 15. Jahrhundert an der Stelle errichtet, an der sich die christliche Gemeinde unter der Leitung des hl. Ponthius versammelte.

Harmonisch vereinen sich auf der Fassade von Saint-Nizier Gotik, Renaissance und 19. Jahrhundert.

Ein Meisterwerk des Bildhauers Coysevox in der Kirche Saint-Nizier: die Muttergottes der Gnaden (1697).

Neben den unterschiedlichen Türmen (15. und 19. Jahrhundert) zieht eine in das Deckengewölbe eingelassene Uhr von 1549 die Aufmerksamkeit auf sich. Der Bildhauer Coysevox schuf 1697 die Madonna der Gnaden.

Saint-Bruno auf der Croix-Rousse gilt als Meisterwerk der barocken Baukunst. Imposante Marmorsäulen tragen den monumentalen Baldachin über dem Hauptaltar des italienischen Baumeisters Servandoni.

Der große Baldachin über dem Barockaltar von Servandoni (1738) in der Kirche Saint-Bruno.

Die hexagonale Kuppel der Sankt-Pauls-Kirche.

In Saint-Paul wechseln sich Romanik und Gotik ab. Die Porte Saint-Laurent im Norden, die Dachkonsolen und die achteckige Kuppel mit doppelstöckigen Arkaden stammen aus dem 12. Jahrhundert, andere Elemente wiederum aus dem 15. bis hin zum 17. Jahrhundert. Zu nennen sei eine Kapelle mit Rundungen und Bögen, die Reliefs mit musizierenden Engeln schmücken.

Der Kirche gegenüber steht die Statue des Theologen Jean Charlier, genannt Gerson, die Jungfrau von Orléans an der Hand haltend. Er war Kanzler an der Pariser Universität und starb 1429 als Chorherr von Saint-Paul in Lyon, wo er sich der Erziehung der Jugend gewidmet hatte.

Unweit von Saint-Irénée und der Märtyrerkrypta steht der letzte Kalvarienberg Lyons.

Der Lyoner Messritus gehört zu den ältesten der Christenheit, und selbst nach der Kodifizierung des römischen Ritus durch Pius V. ist es hier durchaus noch erlaubt, den Gottesdienst in lateinischer Sprache zu feiern.

Von tiefem Glauben geprägt waren:

Charles Démia, Begründer der ersten Armenschule von 1699.

Pauline Jaricot 51799 - 1862) setzt sich für die Ausbreitung des Glaubens ein und Claudine Thévent (1775 - 1836) gründet die Kongregation Jesus und Maria. Sie wurde 1993 kanonisiert.

Frédéric Ozanam, Pater Chevrier sowie Kardinal de Bonald engagierten sich im 19. Jahrhundert besonders für die Arbeiter. Ihr Wirken mündet in die Gründung einer christlichen Gewerkschaft.

Monseigneur de Marion Brésillac ist 1856 Mitbegründer der Afrikanischen Missionen.

Kardinal Gerlier, Erzbischof während des Zweiten Weltkriegs, bot den Nazis die Stirn und rettete zahlreiche Juden und Widerstandskämpfer.

Die Heiligen Pothinus und Irenäus au den Fenstern von Lucien Bégule in der Sankt-Pauls-Kirche.

Vor der Sankt-Pauls-Kirche steht der Theologe Gerson mit der hl. Jeanne d'Arc.

Hinter der Kirche von Saint-Irenée steht der letzte Kalvarienberg Lyons von 1814.

Der 8. Dezember

Die 5,60 meter hohe, vergoldete Jungfrauenstatue, die die Fourvière beherrscht, wurde von dem Bildhauer Victor Fabisch geschaffen.

Seite rechts : Lichterspiel an der Kirche « Saint Nizier » 2001. Realisation Patrice Warrener, Technik: Chromolithe

Der 8. Dezember ist das Fest schlechthin in Lyon. Ihm zugrunde liegt eigentlich ein Ereignis, das auf den 8. September 1643 zurückgeht. In dieser Zeit wütet die Pest besonders grausam in Lyon. Der Bürgermeister samt Stadtrat pilgern zur Wallfahrtskapelle N.-D. de Fourvière und legen an besagtem 8. September 1643 ein Gelübde ab. Dieses wird von der Muttergottes erhört, und die Stadt ein für allemal von der Epidemie befreit.

1852 wählt man dieses Datum, um die 5,60 Meter hohe goldene Bronzestatue der Jungfrau auf dem restaurierten Glockenturm der alten Marienkapelle einzuweihen. Die Statue ist ein Werk des Bildhauers Fabisch, der 1863 auch die berühmte Muttergottes in der Lourdesgrotte schafft. Das Atelier, in dem die Statue untergestellt ist, wird leider von der Saône, die den ganzen Sommer über ansteigt, überschwemmt. So wird die Einweihung auf den 8. Dezember verschoben.

Unglücklicherweise sind auch an diesem Tage die Wetterbedingungen äußerst ungünstig, was aber der Freude der Bevölkerung keinen Abbruch tut. Volles Glockengeläut ertönt und überall sind Kanonensalven zu hören. Während Kardinal de Bonald die Statue weiht, geht plötzlich ein heftiges Gewitter nieder. Die Feierlichkeiten sind beendet, aber das nächtliche Lichterspiel bleibt aus.

Gegen 5 Uhr nachmittags lässt der Wind nach, der Regen hört auf, der Himmel erhellt sich und ein Regenbogen entsteht über der Stadt. Die Bevölkerung, die auf ihre Feier verzichten musste, versteht dieses Symbol, geht auf die Straßen und sorgt auf spontane Weise für ein Lichterfest. Binnen weniger Minuten stehen auf sämtlichen Fenstersimsen der Stadt Kerzen: Die «Fête des Lumières», das Lichterfest, ist geboren.

Die angestrahlte Basilika anlässlich des Lichterfestivals 2003 (Realisation: Stadt Lyon) Daneben eine der Leuchtschriften der Esplanade seit 1852.

1684
MISSION 2001
VENEZ ET VOYEZ !

Der Jakobiner-Brunnen ist einer der Höhepunkte des Lichterfestivals 2000. Realisation: Patrice Warrener, Technik: Chomolithe.

Zwei Jahre später, am 8. Dezember 1854 verkündet Papst Pius IX. das Dogma der Unbefleckten Empfängnis. Die Lyoner Bürger fühlen sich durch dieses Zeichen aus Rom in ihrem Glauben und in ihrer Verehrung der Jungfrau Maria bestärkt.

Das Lichterfest hat in den letzten Jahren seinen religiösen Charakter nahezu verloren und sich mehr und mehr zum Straßenfest gewandelt. Nur noch einige strenggläubige Katholiken nehmen an der Lichterprozession durch den Rosenkranzgarten teil und schließen vielleicht die «verlorenen Lyoner Schäfchen» in ihre Gebete ein, auf das diese wieder in den Schoss der Mutter Kirche zurückfänden.

Aufgrund der stets großen Erfolge der Lichterfeste, beschließt man Ende der 80er Jahre, diesen Trumpf ganzjährig auszuspielen. Durch einen speziell ausgearbeiteten Lichtplan zeigt die Stadt, dass öffentliche Beleuchtung ohne weiteres auch eine ästhetische Dimension erhalten kann und das gesamte Stadtbild aufwertet. Heute werden dank des «Plan Lumière» 270 Monumente, darunter 120 der wichtigsten, 20 private Fassaden und 20 Strassen der Stadt angestrahlt. Lyon darf sich also wirklich als «Hauptstadt des Lichtes» verstehen, obwohl sie einst von dem Poeten Baudelaire «Stadt der Kohle» genannt wurde.

Das Rathaus von Lyon anlässlich des ersten Lichterfestivals von 1999. Realisation: Patrice Warrender, Technik: Chromolithe. Veranstalter: die Stadt Lyon.

DIE MONUMENTE

Als die Wahl der UNESCO auf Lyon fiel, war neben der Bedeutung der einzelnen Baudenkmäler eine Tatsache ausschlaggebend, nämlich die Kontinuität von über 2000 Jahren gelebter Geschichte sowie die genau abzugrenzenden, großen Etappen der Stadtentwicklung. Auf den folgenden Seiten sollen die einzelnen Bauepochen ab dem 12. Jahrhundert chronologisch durchlaufen werden.

Drei der acht Musen auf dem Gesims der Oper.

Die 375 m lange neoklassizistische Fassade des Hôtel-Dieu (18.Jhd.) von J. G. Soufflot. 1944 abgebrannt und nach Originalplänen Soufflots mit Beton wieder errichtet. Rabelais arbeitet zwischen 1532 und 1533, Nostradamus 1564 als Arzt in diesem Krankenhaus.

VOM 12. BIS ZUM 17. JAHRHUNDERT

Im 12. Jahrhundert beginnt der Bau des städtischen Krankenhauses « Hôtel Dieu ». Es tritt an die Stelle des alten Krankenhauses von 549, das auf Anordnung des Burgunderkönigs Childebert und der Königin Ultrogoth vom Bischof Sacerdos gebaut worden war. Von Anfang an konnten dort mittellose Frauen entbinden und Bedürftige sich kostenlos behandeln lassen. Schnell entwickelte sich daraufhin eine beispielhafte karikative Krankenpflege, die 1665 mit der Gründung der Krankenschwesterkongregation erweitert wurde.

Nach der Französischen Revolution werden das Hôtel-Dieu und das Hospiz der Charité von 1617 - eine der ersten Sozialeinrichtungen der Geschichte - zusammengelegt.

Das Rathaus des Architektens Simon Maupin, restauriert von Jules Hardouin-Mansard.

Der « Platz Bellecour » ersteckt sich über 6,2 ha. In seiner Mitte befindet sich die Reiterstatue von Louis XIV, realisiert von Lemont, 1826. Am Ende des Platzes befindet sich der letzte Überrest des Kirchturms des gemeinnützigen Krankenhauses « La Charité ».

vom 17. BIS ZUM 18. JAHRHUNDERT

Das Rathaus, 1642 von Simon Maupin im Stile Louis XIII. gebaut, wird durch einen Grossbrand am 13. September 1672 teilweise stark zerstört. 1699 vertraut man die Restaurationsarbeiten Jules-Hardouin Mansart, dem Architekten des Sonnenkönigs, an.

Zu den Besonderheiten des Rathauses zählen mit Sicherheit das Reiterstandbild Heinrich IV. von Legendre-Héral (1827), der Turm mit seinem Glockenspiel, bestehend aus 65 Glocken, die Uhr von 1914, welche die Stunde auf einer 2,1 Tonnen schweren Glocke schlägt und sie auf einer noch schwereren von 4,3 Tonnen wiederholt, der dreiäugige Zyklop, Statue von Lucien Pascal (1883) und die «Goldene Kugel», häufig mit einem Barometer verwechselt. Sie ist das Überbleibsel einer astronomischen Uhr von 1652 und zeigt heute noch die einzelnen Mondphasen an. Nicht zu vergessen sei die große Ehrentreppe, die mit Allegorien von Thomas Blanchet ausgemalt ist.

Ein schönes Beispiel italienischen Barocks ist das Palais Saint-Pierre auf der «Place des Terreaux». 1562 wurde das Kloster von den Hugenotten verwüstet und 1686 nach Plänen des Architekten Royer de la Valfenière wieder aufgebaut. Die ehemalige Klosteranlage der Chordamen von Saint-Pierre beherbergt seit 1802 das Museum der schönen Künste. Das Museum verfügt über eine der größten Kunstsammlungen Frankreichs: italienische, spanische, flämische, holländische und französische Malerei, das 19. Jahrhundert ist mit der Lyoner Schule besonders stark vertreten. Nach umfangreichen Restaurationsarbeiten und Neugestaltungen verschiedener Räume werden auf 14.500 m² Ausstellungsfläche Gemälde, Skulpturen, ägyptische, griechische und römische Funde sowie eine bedeutende Sammlung dekorativer Kunst gezeigt. Das «Musée des Beaux-Arts» mit seiner Mannigfaltigkeit ist nach dem «Louvre» das zweitgrößte Museum Frankreichs.

Die Loge du Change im Vieux-Lyon erinnert an die wichtigen Ämter, die Händler und Bankiers seit dem 16. Jahrhundert innehatten. Der erste Bau aus dem 17. Jahrhundert war, was den Platz anbelangte, unzureichend geworden, und so erhielt Soufflot 1748 den Auftrag, das Haus zu vergrößern. Seit 1803 befindet sich in diesem Gebäude eine reformierte Kirche.

Das Musikkonservatorium am Quai Chauveau ist in den ehemaligen Räumlichkeiten der allerersten Veterinärschule der Welt untergebracht. Die heutige Form der Anlage, insbesondere der Kreuzgang und die Fresken im Refektorium zeugen immer noch vom ursprünglichen Zweck des Baus. Im 18. Jahrhundert lebten dort die Nonnen von St. Elisabeth.

Das 19. Jahrhundert

Unter Heinrich IV. verwandeln sich die Wiesen von Bellecour 1595 in einen Platz. Ludwig XIV. lässt den Platz erweitern, bevor Desjardin 1713 das Reiterstandbild des Monarchen anfertigt. Zu Füssen der Statue liegen die personifizierten Flüsse Rhône und Saône der Gebrüder Coustou. Die Revolution zerstörte das Denkmal, welches Bonaparte wieder errichten ließ.

Die Loge du Change ist heute eine reformierte Kirche.

Das rot angestrahlte Dach der Oper, spöttisch auch « Toaster » genannt.

Der Justizpalast und seine 24 berühmten Säulen des Peristyls. (1835)

Auf der «Place de la Comédie» steht das von Germain Soufflot 1756 erbaute Opernhaus. Für seine Zeit avantgardistisch, denn der Zuschauersaal war oval und die drei Ränge nach hinten versetzt angebracht. Von 1827 bis 1831 unter dem Architekten Pollet und Chenavard umgestaltet war es vielen so noch bis 1997 bekannt. Jean Nouvel verlieh dem Haus sein aktuelles Aussehen. Von Weitem sichtbar ist das metallene Tonnengewölbe.

Das «Théâtre des Célestins» steht an dem Ort, wo sich 1407 das Coelestinerkloster befand. 1877 von André Gaspard gebaut, zählt es heute zu den letzten Theatern im italienischen Stil in Frankreich. Der Zuschauerraum ist hufeisenförmig und die Ränge sind über ein grosszügiges Atrium erreichbar, das mit vergoldeten Masken der Antike geschmückt ist. Gold und roter Samt weisen deutlich auf den Geschmack des ausgehenden 19. Jahrhunderts hin. Das Haus zählt jährlich über 250.000 Besucher.

An Stelle des alten Gefängnisses von Roanne steht der Justizpalast, auch «Palais des 24 colonnes» genannt. Die 24 korinthischen Säulen an der monumentalen Fassade erinnern an griechisch-römische Tempel. In dem von Louis-Pierre Baltard 1835 errichteten Gebäude befindet sich heute nur noch das Berufungs- und Schwurgericht.

Die Industrie- und Handelskammer der Stadt ist im «Palais du Commerce» von 1860 untergebracht. Eine grandiose Allegorie ziert die Decke des großen Börsensaals, die wiederum von Karyatiden getragen wird.

Eine grosse Freitreppe führt zur Präfektur des Architekten Antonin Louvier von 1890. In den Sälen befinden sich etliche Kunstwerke. Die Glaskuppel von Lucien Bégule ist das Schmuckstück des großen Verhandlungszimmers.

Die Handelskammer von René Dardel (1860).

Seite rechts : Das Theater der Célestins, gebaut unter dem Architekten Gaspard André (1877).

THEATRE

Die Brücke « Lafayette » über dem Rhône, mit seinen brillant angestrahlten Skulpturen, ist einer der 29 Brücken von Lyon.

Die Halle Tony Garnier ist mit knapp 17.000 m^2 die größte Halle Europas. Der Dachstuhl aus Metall wird durch keinen einzigen Pfeiler gestützt. Mit einer Kapazität von 18.000 Plätzen wird dieser Raum, der einst zu den Schlachthöfen der Stadt gehörte, heute für Ausstellungen und kulturelle Veranstaltungen genutzt.

Der zukunftsweisende Architekt Tony Garnier (1869-1948), dem der Große Preis von Rom verliehen wurde, hat in Lyon weitere Bauwerke hinterlassen. so das Krankenhaus Grange-Blanche, das Stadion Gerland und die «Cité Idéale», die ideale Industriestadt, welche zum Teil nach seinen Plänen im Viertel der «États-Unis» umgesetzt wurde.

Das 20. Jahrhundert

Gravierende Fehler wurden in den 60er Jahren begangen. Die chaotische Straßenführung am Cour de Verdun soll 2006 endlich aufgehoben werden.

Das Viertel der Part-Dieu um den 142 m hohen Crayon, den unübersehbaren bleistiftförmigen Turm des Crédit Lyonnais, ist aus dem Boden gestampft worden und sollte die Innenstadt durch ein zweites Einkaufszentrum entlasten. Die Stadtbibliothek ähnelt

Die Halle Tony-Garnier, ehemaliger Tiermarkt, der auf brillante Art und Weise in eine sehr große Veranstaltungshalle verwandelt wurde.

Jede Nacht werden 270 Schauplätze und Bauwerke illuminiert

Die Universitätsgebäude der Universität « Lyon III » bestrahlen das linke Rhône-Ufer. (Abraham Hirsch, 1876 bis1898)

Lichtersymphonie um das Auditorium Maurice Ravel in der Nähe der Part-Dieu.

eher einem Silo für 2 Millionen Bücher. Ein moderner Hauptbahnhof befindet sich ebenso wie das Auditorium, der Konzertsaal des Staatsorchester Lyon, in diesem östlichen Stadtteil.

Das Ende des Jahrhunderts brachte positive Veränderungen mit sich. Die Neugestaltung der Place des Terreaux oder der Bau der Cité Internationale des Architekten Renzo Piano, an der Stelle des früheren Messegeländes. Neben dem Sitz von Interpol befindet sich das Kongresszentrum, ein gigantischer Kinokomplex, das Hilton, das Museum für zeitgenössische Kunst und ein Casino.

Der Anfang des 21. Jh. ist markiert von dem Bau der « Cité Internationale » mit einem Kongresssaal von 3000 Plätzen in Form eines Amphitheaters und der Restauration des « Perrache »-Viertels, sowie des Zuflusses nach dem Verschwinden des Großmarktes.

Im Château Lumière ist das Filminstitut Lumière untergebracht.

In die Nähe von Interpol hat Renzo Piano die Cité Internationale gebaut. Zu ihr gehören nunmehr das Kongresszentrum, das Museum zeitgenössischer Kunst, ein Luxushotel, ein Kinokomplex und ein Casino.

Guignol

Laurent Mourguet, Erfinder der Guignols, wurde 1769 in Lyon als Sohn einer Canutsfamilie geboren. Schon sehr früh erlernt er den Beruf des Seidenwebers.

Um 1797 verdient er sich seinen Lebensunterhalt als Zahnbrecher. Gemäß der Sitte dieses Berufsstandes stellt er ein kleines Marionettentheater auf, um seine Kundschaft anzulocken. Aufgeführt werden die Klassiker der Commedia dell'arte. Weitaus mehr am Theater als an der Zahnheilkunde interessiert, beginnt er 1804 zu improvisieren und lässt sich von der Tagesaktualität inspirieren. Auf dieser Grundlage entsteht die Figur des Guignols, der von nun an durch seine aufmüpfige Art der Gesellschaft den Spiegel vorhalten wird.

Eine bekannte Person gesellt sich bald zu Mourguet, Lambert Grégoire Ladré, kurz Père Thomas genannt. Dieser ist ein geschickter Possenreißer und Witzemacher. Die Freundschaft der beiden ist leider nur von kurzer Dauer. Recht schnell merken beide, dass italienische Marionetten allein nicht ausreichen, um den Erfolg zu sichern. Bedauerlicherweise hat Père Thomas die schlechte Angewohnheit, oft zu tief ins Glas zu gucken. Um ihn zu ersetzen, kreiert Mourguet eine äußerst redselige Figur : Gnafron ist geboren. Er trägt die Züge eines Lyoner Schusters : rauh und ungehobelt, mit einem großen Hut und einer Lederschürze versehen. Nicht zu vergessen, die ständig rote Nase.

Guignol aus dem Théâtre du Guignol in der Rue Louis Carrant.

Doch die Kundschaft bleibt weiterhin aus, so dass Mourguet in einem anderen Theater arbeiten muss. Dort lernt er mit Stabpuppen umzugehen und erhält die Rolle des Père Coquard, dessen Charakter voller Humor in der populärsten Puppe aller Guignols, nämlich im Guignol selber, weiterleben wird.

Guignol und die Parodie.
Historisches Museum Lyon.

1808 entwirft er den Prototyp des Guignols. Ein rundes Gesicht, zwei verschmitzte Augen und eine lustige kleine Stupsnase. Gekleidet wird die Puppe wie der Père Coquard, d. h. mit der damals üblichen Tracht der Canuts : ein brauner Mantel mit Goldknöpfen und eine rote Fliege. Obenauf kommt ein schwarzer Hut aus weichem Leder mit heruntergeklappter Krempe. Seine Frisur besteht aus einem fest zusammengebundenen Zopf, dem sogenannten Rattenschwanz.

Was den Namen Guignol anbelangt, so scheiden sich die Geister. Selbst zwei Jahrhunderte nach seiner Entstehung, rätselt und streitet man mangels schriftlicher Aufzeichnungen weiter. Wir haben mehr als zehn verschiedene Quellen untersucht, möchten uns jedoch auf keine festlegen.

Mourguet kreiert weitere Personen und wird, nachdem er sich im Café-Théâtre niederlässt, bald einem immer größer werdenden Publikum bekannt. Satire, Witz und Parodie machen den Erfolg aus. Rasch entwickelt sich Guignol zum Sprecher des kleinen Mannes. Mit seinem Stock wettert er gegen

In seiner kleinen Werkstatt an der Place du Change fertigt und bemalt Gilbert Pavaly die Guignols.

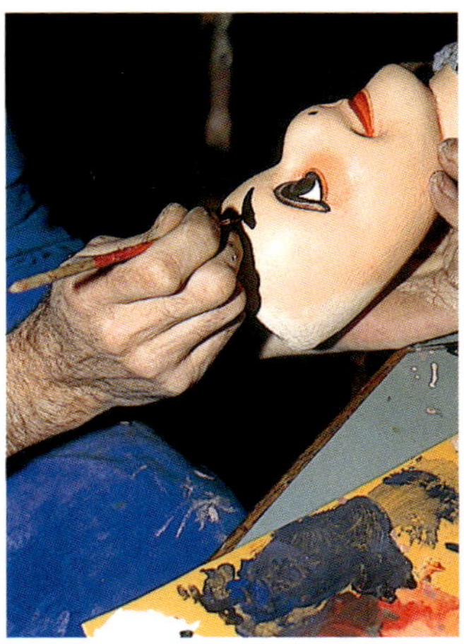

Laurent Mourguet der Zahnreißer. Das kleine Disagn Cardeli Museum in der Rue Saint-Jean.Laurent Mourguet arracheur de dents. Petit musée Disagn Cardelli rue Saint-Jean.

Théâtre de Guignol

Oben : Ein Teil der Marionettensammlung im Théâtre de Guignol in der Rue Carrant.
Unten links : « Der Marmeladentopf », ein Klassiker im Repertoire.

Das Marionettentheater « Guignol » im Alten Lyon und im Park, Theaterstück: « Der Zahnentferner ».

Die Gastronomie

Maurice Edmond Sailland, genannt Curnonsky, taufte Lyon 1934 « die Hauptstadt der Gastronomie ». Hier erreicht die Gastronomie schlichtweg den höchsten Rang der Kochkunst : die Einfachheit.

Fürwahr, in Lyon ist das Kochen eine Kunst, der Koch (und die Köchin) ein Philosoph und der Tisch so heilig wie ein Altar.

Die Lyoner sind echte Genussmenschen. Das geht sogar so weit, dass man auf der Presqu'île den Rat erteilt, eine Dame - um sie zu verführen - lieber ins Restaurant einladen solle als zum Tanzen oder ins Kino. Liebe geht ja bekanntlich durch den Magen!

Zwar fliegen einem hier die gebratenen Tauben noch nicht in den Mund, aber in diesem Schlaraffenland wächst und gedeiht nahezu alles, was « les Mères », die typischen Lyoner Mütter, in den Bouchons nach alten, überlieferten Rezepten in die wohlschmekkensten Speisen verwandeln.

Das 19. Jahrhundert hat uns dieses kostbare Erbe hinterlassen. Nach der Französischen Revolution wurde in vielen Bürgerhäusern die « Perle der Küche » ermutigt, ihre Rezepte und Ratschläge in Schulheften niederzuschreiben, um sie so weiterzugeben. Viele Köchinnen machten sich daraufhin selbstständig.

Unter ihnen Eugénie Brazier, die 3 Sterne im Guide Michelin vorweisen kann. Ihr bekanntester Schüler ist niemand anderes als Paul Bocuse. Viele der heute großen Köche sind durch die Schule dieser einfachen Frauen gegangen, die Lyon und der « Cuisine française » zu ihrem Weltruf verholfen haben.

Die Etymologie des Wortes Bouchon ist wohl in der Sprache des antiken Roms zu suchen (1). Klar ist jedoch, dass es sich um typische kleine Restaurants handelt, in denen die kulinarischen Traditionen noch gewahrt und gepflegt werden. Sie entstanden Ende des 19. Jahrhunderts. Die Küche ist die der « Mères lyonnaises » und der Canuts. Es ist Usus, alle Schüsseln gleichzeitig auf den Tisch zu bringen, typisch sind die meist rot-weiß karierten Tischdecken. Die rustikale Einrichtung darf sich ruhig im Wesen des Wirts widerspiegeln, doch schätzt man es auch, wenn der humanistische und philosophische Geist Rabelais' hier etwas stärker weht als anderswo.

Das kleine Schild am Türpfosten weist das Gasthaus « Le Garet » als echten Lyoner Bouchon aus.

Die Lyoner Küche verdankt ihren Geschmack der Ausgelassenheit Guignols.

Grand Vin du Beaujolais
1995
RÉGNIÉ
DOMAINE DES BRAVES

In einem Bouchon kommen alle Schüsseln gleichzeitig auf den Tisch. Bouchon « Chez Hugon » in der Rue Pizay.

Ein Verein hat sich zur Aufgabe gemacht, authentische Bouchons zu testen und diese mit einer Plakette zu versehen. Das Schild wird am Türpfosten befestigt und Gnafron prostet dem Gast zu.

Le mâchon ist mit einer morgendlichen Brotzeit oder einer Vesper zu vergleichen. Als Zwischenmahlzeit kann sie sowohl gegen 9 Uhr mit einem Gläschen Wein eingenommen werden, als auch am Spätnachmittag, um die « Durststrecke » bis zum Abendessen zu überbrücken. Gereicht werden in der Regel herzhafte Kleinigkeiten, wie warme Schweinswürste und die unterschiedlichsten Salate mit Schweinerüssel, Lammfüßen oder Geflügelinnereien. Wem das zu deftig ist, der kann auch auf Löwenzahnsalat oder die Salade lyonnaise mit pochiertem Ei und ausgelassenen Speckwürfeln zurückgreifen.

Seit der Zeit der Gallier ist Lyon bekannt für seine Wurstwaren, insbesondere für die Saucisson de Lyon. Sie besteht aus 100% Schweinefleisch (und nicht wie fälschlicherweise angenommen aus Eselsfleisch), wobei der hohe Fettanteil dazugehört. Weitere Klassiker unter den Würsten : la Rosette, le Jésus und le Cervelas. Letztgenannte muss ebenso wie der Sabodet, eine Wurst aus Schweinskopf und Schwarte, gebrüht werden.

Die Grattons sind überall bekannt.

Tablier de sapeur.

Die Andouillette ist erst dann orginal, wenn sie ausschließlich aus Kalbsgekröse (Kutteln, Kaldaunen, usw.) hergestellt wird. Gras-double und Tablier de Sapeur besteht aus Kalbsmagen, der einmal geschnetzelt und mit Zwiebeln angebraten oder in Scheiben geschnitten und mariniert wird.

Die Quenelle ist ein luftiger Kloß, der wahlweise mit einer Fisch-, Speck- oder Pilzsauce serviert wird.

Fromage fort oder Cervelle de Canuts sind die beiden Käsespezialitäten aus Lyon. Wie der Name bereits vermuten lässt, handelt es sich beim Fromage fort um einen sehr würzigen und pikanten Käse. Dazu werden mehrere gut gereifte Käsesorten in einer Schüssel mit Weißwein angemacht.

Was die Süßspeisen anbelangt, so sind in Lyon die Bugnes, fritiertes Gebäck, das mit Puderzucker überstäubt wird, und die Papillottes, in glitzerndes Papier eingewickelte Schokoladenbonbons, kreiert worden. In dem Bonbonpapier ist stets ein kleiner Zettel mit einem Spruch oder Wunsch versteckt.

Zu internationalem Ruhm hat es der Beaujolais gebracht. Er ist der « dritte Fluss » der Region und wird hoffentlich nie versickern. Bekannt ist er vor allem durch seinen Primeur geworden.

Die ehemalige Hauptstadt der Gallier hat sich somit auch den ersten Platz in der Gastronomie ergattert und im Lyoner Paul Baucuse einen würdigen Botschafter der französischen Küche in aller Welt gefunden.

Colette Sibilla ist die Königin der Markthallen der Part-Dieu.

Das Seidenspinner-Essen (« Cervelle de canut ») eine Quarkspeise mit Schnittlauch und Schalotten.

« Chez Georges » ist ein gemütlicher kleiner Bouchon.

Papillottes, Coussins und Cocons sind typische Lyoner Leckereien.

Die Bugnes stammen ursprünglich aus der Klosterküche der Chorherren von Saint-Pierre.

Die bemalten Wände

Im Viertel Etats-Unis liegt das Freilichtmuseum Tony Garnier. Hier drei der 25 bemalten Wände. Großes Bild : « Die ideale Stadt » vom Russen Gregory Chestakov. Konzept und Ausführung : Cité de la Création. Im April 1991 verlieh die UNESCO dem Freiluftmuseum den Internationalen Preis für kulturelle Entwicklung.

Das Bemalen von Wänden ist so alt wie die Menschheit selbst. Auf Fourvière finden sich zwischen römischen Ruinen immer wieder Reste von Wandmalereien und etliche Kirchen der Stadt weisen noch alte Fresken auf. Von 1662 bis 1675 schmückte ein einfacher Lyoner Maler, Thomas Blanchet, das gesamte Rathaus mit mythischen Allegorien aus.

Das 19. Jahrhundert war in Lyon besonders produktiv. Die Lyoner Schule für Malerei genoss ein hohes Ansehen und konnte sich beileibe nicht über mangelnde Aufträge beklagen. Vornehmlich aus den religiösen Reihen trat man an sie heran. Dank Louis Janmot (Saint-Polycarpe und Saint-François-de-Salles) oder Hippolyte Flandrin (Abtei Saint-Martin-d'Ainay) avanciert Lyon zur Stadt des 'Präraffaelismus'. Pierre Puvis de Chavanes, Meister des Symbolismus, malt das Treppenhaus des Palais Saint-Pierre aus. Doch auch der ständig wachsende Reichtum der Stadt, bedingt durch die gut laufenden Seidengeschäfte, steuert zu dieser Entwicklung bei. Den Conseil Général ziert ein riesiges Fresko « Die Ehre Lyons und des Beaujolais' » Louis-Edouard Fourniers.

Pierre Puvis de Chavannes, « Die christliche Inspiration », Treppe des Musée des Beaux-Arts.

Das Deckenfresko der Ehrentreppe von T. Blanchet im Rathaus.

Im 20. Jahrhundert werden die Kirchen Saint-Paul (Paul Borel), Saint-Jacques-le-Majeur (Louis Cottin) und Saint-Pierre-de-Vaise (Claudius Barriot) mit Wand- und Deckenmalereien versehen. Aber auch in öffentlichen Gebäuden finden sich grandiose Dekorationen. In der Hauptpost stellt eine 54 Meter lange Wand den Glanz Lyons dar. 1937 schaffte Louis Bouquet dieses Werk. F. Fargeot versah 1934 die Fassade der Börse mit einem großen Mosaik.

In den letzten 25 Jahren haben sich dazu 150 bemalten Wände gesellt, davon ungefähr 100 mit dekorativem Charakter. Diese Kunstwerke sind allesamt aus Zusammenschlüssen von Malern, wie Cité de la Création, Mur'Art oder freischaffenden Künstlern, entstanden.

Der neue Stil von Wandmalerei, oft in Form einer optischen Täuschung, wurde vom breiten Publikum und Organisationen, wie der UNESCO, begeistert aufgenommen. Die UNESCO verlieh dem Freiluftmuseum Tony Garnier den Internationalen Preis für kulturelle Entwicklung.

In Frankreich ist Lyon wohl unumstritten die Hauptstadt der bemalten Wände. Im Folgenden einige der schönsten :

Die Mur des Canuts ist die größte optische Täuschung in Europa. Auf fast 1.200 m² spiegelt sie das typische Leben auf der Croix-Rousse wider (Cité de la Création).

Am Fuße der Croix-Rousse blicken 30 Persönlichkeiten der Hauptstadt Galliens aus Fenstern und Balkonen. Die Fresque des Lyonnais (Cité de la Création) ist wie die vorhergehende Wand ein absolutes Muss.

In Vaise findet man in der Rue Marietton fünf bemalte Wände, die den Comics zeitgenössischer Zeichner gewidmet sind (Mur'Art).

La Cité Idéale mexicaine.
Marisa Lara et Arturo Guerrero.
Freilichtmuseum Tony Garnier.
Konzept und Ausführung : © Cité de la Création.

La Bibliothèque de la Cité. *« Die Stadtbibliothek »*
Konzept und Ausführung : © Cité de la Création 1998.

Ein besonderes Kunstwerk stellt das Ensemble im Freilichtmuseum Tony Garnier dar. 24 Fresken erstrecken sich auf einer Gesamtfläche vom 5.500 m^2. Tony Garniers Entwürfe für die « Ideale Industriestadt » liefern die Grundlage für das Schaffen der Cité de la Création und sechs ausländischer Künstler.

La porte de la Soie reiht sich in das von der UNESCO unterstützte Programm « Die Seidenstraßen der Croix-Rousse » ein und erzählt die über 3000 Jahre alte Seidengeschichte (Cité de la Création).

In Form eines Theatervorhangs präsentiert sich die Cour des Loges (Mur'Art).

Auf dem Boulevard du Périphérique, der Schnellstraße, die fast ganz Lyon umschließt, verfolgt man auf 500 m den Marathonlauf des Unmöglichen (Vincent Ducaroy und Mireille Perrin).

Auf dem Comic-Boulevard in Vaise. Nach einer Zeichnung von Jacques de Loustal, Mur'Art.1992.

Im Vieux-Lyon die Wand der « Cour des Loges ». © Mur'Art. 1988.

Mur des Canuts *« Wand der Canuts ».*
Konzept und Ausführung : © Cité de la Création.

Die bemalte Wand der « Lyoner Persönlichkeiten ». © Cité de la Création.

Lyon, Stadt der Lichter. Die Freske des halben Jahrtausends. Krankenhaus « Saint-Jean-de-Dieu » im 8. Arrondissemont. Realisation: George Faure et les Eléphants Heureux, 2002

Le marathon de l'impossible. Conception, réalisation © Gie 7e Sens, Vincent Ducaroy, Mireille Perrin. 1992.

(1) Siehe *Murs peints de Lyon, d'hier et d'aujourd'hui*
von Gérald Gambier, gleicher Verlag.

parks und museen

Im Parc de la Cerisaie auf der Croix-Rousse gibt es neben der Villa Gillet 300 Weinstöcke, die die Namen von Persönlichkeiten tragen. Der Wein der Croix-Rousse konkurriert mit dem von Montmartre in Paris.

Lyon ist eine Stadt im Grünen. Über 20.000 Bäume zieren Straßen und Parks. Knapp einen Kilometer von der Montée des Soldats entfernt wird Obst und Gemüse angebaut.

In Parkanlagen und öffentlichen Gärten werden Pflanzen so gesetzt, dass ein harmonisches Nebeneinander von alten und neuen Züchtungen entsteht. Die großzügig angelegten Terrassen von Perrache sind hängende Gärten, von denen aus man einen unerwarteten Blick auf die Stadt genießt.

Die Gartenanlage der Kartause mit einer Gesamtfläche von 10.626 m^2 wurde höchstwahrscheinlich von den Gebrüdern Bülher 1855 ersonnen. Die Terrassenkaskaden verbinden die Hänge der Croix-Rousse mit dem linken Saôneufer und bieten ein unvergleichliches Panorama auf den Hügel von Fourvière.

Ein Geheimtipp ist der Garten der Rosa-Mir, versteckt in der Nummer 83 de la Grande-Rue de la Croix-Rousse. Der spanische Maurer Jules Senis-Mir hat seiner Mutter Rosa aus Steinen und Muscheln eine Art Lyoner Alhambra angelegt.

Der Parc de la Tête d'Or wurde 1856 von den Landschaftsplanern Bülher angelegt und erstreckt sich auf 105 ha. Der Name des Parks geht auf eine Legende zurück, die besagt, dass eine goldene Christusbüste (tête d'or = goldener Kopf) im Garten vergraben liegt. Als grüne Lunge der Stadt, ist die Anlage ideal für Spaziergänger und Jogger. Der große Rosengarten (5 ha) mit seinen

Der eigenwillige Garten der Rosa Mir.

Der reizvolle Parc de la Tête d'Or.

60.000 Rosenstöcken dient vornehmlich an Wochenenden den Brautpaaren als Fotokulisse und nicht selten stehen diese Schlange vor den romantischsten Motiven. Über 3.500 Pflanzenarten aus allen Teilen der Welt wachsen im botanischen Garten. Interessant sind auch die 5.000 m² großen Gewächshäuser. Im zoologischen Garten leben 250 Säugetiere, 400 Vögel und 80 Reptilien. Alles in allem einen Ausflug wert!

Der Garten des Musée des Beaux-Arts ist eine wahre Oase des Stille. Gleich neben der belebten Place des Terreaux ist er umgeben vom alten Kreuzgang des ehemaligen Klosters, das jetzige Museum der schönen Künste, und beherbergt unter anderem Mosaiken und Bronzestatuen von Carpeau, Rodin und Bourdelle.

Der Garten des Museums für Schöne Künste.

Museum der Schönen Künste.
Ein renovierter Ausstellungsraum.
« Junges Mädchen mit Blumen », Bild von Louis Janmot, Maler der mystischen Lyoner Schule.

Vom archäologischen Park auf dem Hügel von Fourvière gelangt man direkt in das gallo-römische Museum. Die vielen Funde und Ausgrabungen sind Zeugen aus über vier Jahrhunderten gallo-römischer Geschichte in Lugdunum. Mit dem Musée National in Paris gehört es zu den bedeutendsten Museen Frankreichs.

Das Stoffmuseum im Herrenhaus Villeroy vereint Stoffe, Tücher und Gewänder aus aller Welt. Ein Schwerpunkt liegt natürlich auf der Entwicklung der Seidengeschichte Lyons.

Zum Musée des Tissus gehört ein weiters, nämlich das Musée des Arts décoratifs, in dem vor allem die Verwendung von Textilien im Bereich der Innenausstattung gezeigt werden, z. B. Tapisserien aus dem 17. Und 18. Jahrhundert.

Einer der Säle des wundervollen Museums, das Teil des Museums für Stoff- und dekorative Kunst ist.

Das « Hôtel de Gadagne » . Im Historisches Museum der Stadt Lyon, Bild der Plünderung Lyons 1562.

« Hôtel de Gadagne ». Marionettentheater mit den Figuren « Guignol » und « Gnafron » der Gebrüder Neichthauser.

Im Viertel der Duchère, das Feuerwehrmuseum.

Das Naturhistorische Museum ist das zweitgrößte in Frankreich. Es gliedert sich in vier Sparten : Zoologie, Geologie, Ethnografie und Ökologie. Hinzukommen die Abteilungen für ägyptische und orientalische Geschichte.

Spritzenwagen aus dem 18. Jahrhundert bis hin zu modernen Löschfahrzeugen und eine beeindruckende Sammlung alter Helme sind im Feuerwehrmuseum zu sehen.

Im Druckerei- und Bankmuseum wird die Buchdruckerkunst erläutert, die sich im 16. Jahrhundert in Lyon etabliert hat.

Weitere archäologische Funde sowie Möbel und Einrichtungsstücke unterschiedlichster Art aus dem Mittelalter bis zum 20. Jahrhundert findet man im Historischen Museum. Wo anders, wenn nicht in Lyon, der Geburtsstadt Guignols, könnte das internationale Marionettenmuseum stehen.

Im Krankenhausmuseum, welches im Hôtel-Dieu untergebracht ist, lässt sich die traditionsreiche Geschichte der Krankenpflege anhand etlicher Objekte nachvollziehen.

Beenden wir unseren Rundgang mit einem Besuch des Museum für sakrale Kunst auf der Fourvière, das durch Spenden der Lyoner Bevölkerung finanziert und von freiwilligen Helfern verwaltet wird.

1927 bekam das Museum Form, als der Stiftsherr Berjat, ein großer Liebhaber der Künste, ihm seine bedeutende Sammlung alter Marienstatuen vermachte. Seit 1960 ist das Museum regelmäßig geöffnet, um Jungfrauenstatuen, Weihebilder der ehemaligen Kapellen des Sanktuariums, sowie Dokumente zum Bau der Basilika auszustellen.

Heute beherbergt das Museum ebenfalls eine Sammlung religiöser Goldschmiedearbeiten (mehr als 250 Stücke) und v.a. das Erbe Armand-Caillat, einer der berühmten Lyoner Goldschmiede des 19. Jh., denen Lyon seinen Ruf in diesem Bereich verdankt.

Hinzu kommen noch eine Sammlung von 400 liturgischen Dekorationsstücken (sakrale Stoffe und Messgewänder) des 16. bis 20. Jahrhunderts, 500 Modelle der Basilika sowie Gipsabdrücke von Skulpturen und 300 Weihebilder. Diese Weihebilder sind Zeugnis einer tiefen,

Im Musée des Hospices Civils steht die alte Apotheke des Krankenhauses de la Charité.

Im Buchdruckermuseum, 1964 von Maurice Audin innerhalb des « Hôtel de la Couronne » (15.J.) gegründet, steht eine Lyoner Armpresse des 15. Jahrhunderts, rekonstituiert.

populären Frömmigkeit. Als Weihegaben der Verzweiflung waren sie Hinweis allgemeinen Elends, das aber dann in der Dankbarkeit für das erfüllte Wunder aufgeht.

Ebenso ist die weiße Basilika, die die Stadt überragt, für die Frauen, die dem Oktober 1870 gelobten und für Bossans, dem Erbauer, ein Zeugnis der Freude der Lyoner Bevölkerung vor einer Invasion gerettet worden zu sein.

Museum der Fourvière : Anonymes Weihebild von 1834, mit dem die Bewohner des Hauses « Brunet », das anlässlich des Seidenweber-Aufstandes bombardiert wurde, sich bedankten, da ihnen eine blutigen Unterdrückung durch die Vermittlung des Pfarrers von « Saint-Bruno » erspart blieb.

Museum der Fourvière : emaillierte Monstranz, Armand-Caillat, 19. Jahrhundert

BIBLIOGRAFIE

Audin (Amable), *Lyon miroir de Rome*, Librairie Arthème Fayard, Paris, 1989 ;
Boucher (Jacqueline), *Présence Italienne à Lyon à la Renaissance, du milieu du XVe à la fin du XVIe siècle*, L.U.G.D., Lyon, S.D. ;
Bouzard (Marie), *La Soierie Lyonnaise du XVIIIe au XXe siècle*, Ed Lyonnaises d'Art et d'Histoire, Lyon, 1997 ;
Dejean (René), *Traboules de Lyon, histoire secrète d'une ville*, Editions Le Progrès, Lyon, 1988 ;
Ètèvenaux (Jean), *La Soierie lyonnaise*, Editions La Taillanderie, Châtillon-sur-Chalaronne, 2003 ;
Gambier (Gérald), *Richesses et Visages de Lyon*, Editions La Taillanderie, Châtillon-sur-Chalaronne, 2001 ;
Gambier (Gérald), *Les Traditions de la cuisine Lyonnaise*, Editions La Taillanderie, Châtillon-sur-Chalaronne, 2002 ;
Gambier (Gérald), *Murs peints de Lyon, d'hier et d'aujourd'hui*, Editions La Taillanderie, Châtillon-sur-Chalaronne, 2002 ;
Gambier (Gérald), *Le Vieux-Lyon, un patrimoine vivant*, Editions La Taillanderie, Châtillon-sur-Chalaronne, 2003 ;
Gambier (Gérald), *La Merveilleuse histoire du 8 décembre à Lyon*, Editions La Taillanderie, Châtillon-sur-Chalaronne, 2003 ;
Gouttard (Marie), *Les Madones de Lyon*, Editions La Taillanderie, Bourg-en-Bresse, 1991 ;
Jacquemin (Louis), *Histoire des églises de Lyon*, Vaulx-en-Velin, Bron, Vénissieux, Saint-Fons, Ed. Elie Bellier, Lyon, 1985 ;
Jacquemin (Louis), *Lyon, Palais et édifices publics*, Editions La Taillanderie, Attignat, 1987 ;
Mérindol (Pierre), *Lyon, les passerelles du temps,* Editions La Taillanderie, Bourg-en-Bresse, 1988 ;
Mesplède (Jean-François), *Saveurs de Lyon et du Rhône*, Ed. La Taillanderie, Bourg-en-Bresse, 1996 ;
Neyret (Régis), *Guide historique de Lyon*, Ed. du Tricorne, Genève, Ed. Lyonnaises d'Art et d'Histoire, Lyon, 1998 ;
Pelletier (André) et Rossiaud (Jacques), *Histoire de Lyon, Antiquité et Moyen Âge*, Ed Horvath, Le Coteau, S.D. ;
Troubnikoff (Alexandre), *Les martyrs de Lyon et leur temps*, O.E.I.L., Paris, 1986 ;
Voisin (Dominique), Guillet (Ginette), *La Soie, itinéraires en Rhône-Alpes*, Région Rhône-Alpes, 1989 ;
Wuilleumier (Pierre), *Lyon métropole des Gaules*, Société d'Edition Les Belles Lettres, Paris, 1953.

Revue *C'est 9 à Lyon*, revue municipale de Lyon ;
Revue *Lyon Cité*, revue municipale de Lyon ;
La Soie, Rhône-Alpes, catalogue
Journal *Le Progrès*
Bulletin *Renaissance du Vieux-Lyon*.

Achevé d'imprimer en novembre 2006
Dépôt légal 4e trimestre 2006
Imprimé en UE sur les presses de Beta